GW00501682

IMP

Edited by Peter Foss
First published 1987 © International Music Publications
Exclusive distributors: International Music Publications
Southend Road, Woodford Green, Essex IG8 8HN, England
Photocopying of this copyright material is illegal
215-2-441

ALABAMY BOUND

Words by BUD De SYLVA and BUD GREEN
Music by RAY HENDERSON

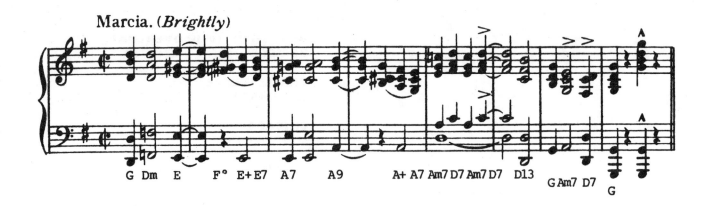

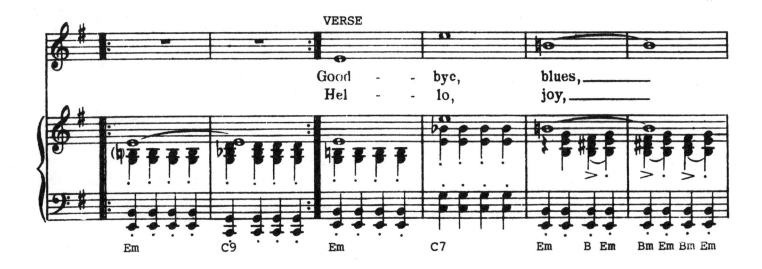

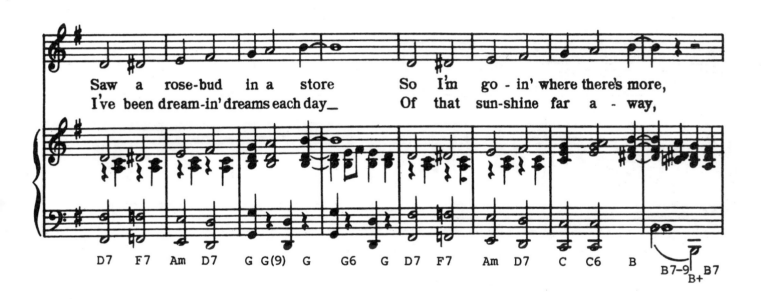

4

REFRAIN

I'm Al-a - bam-y bound, _____ You'll see those Pullman Porters hang-in' 'round,

C9   A7

_____ Just gave the meanest tick-et man on earth   All I'm worth

F#m   A F#m A7 A9 D7   Em

%from patter

___ To put my tootsies in an up-per berth Just hear that choo choo sound
                                                                        luck-y hound

B G7 A7 F#m A9 A7 F#m A9 A   D7 D°   Em   C9
                                        D7

5

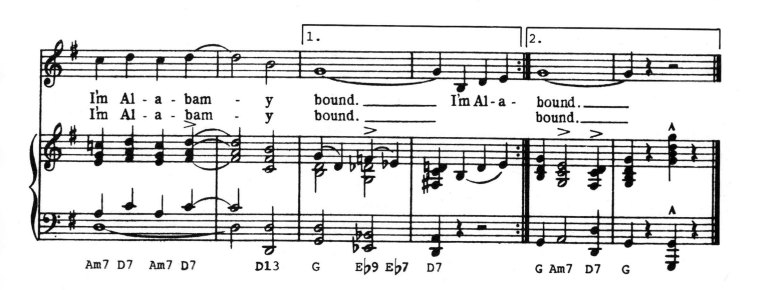

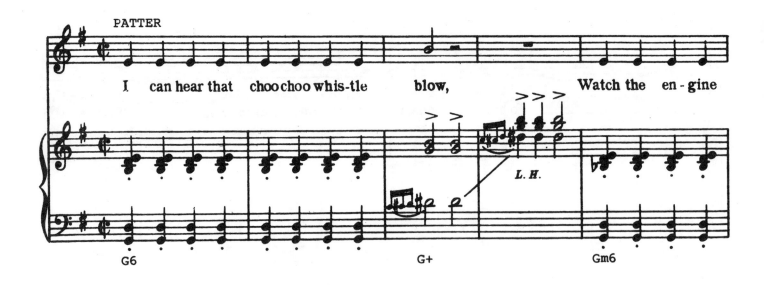

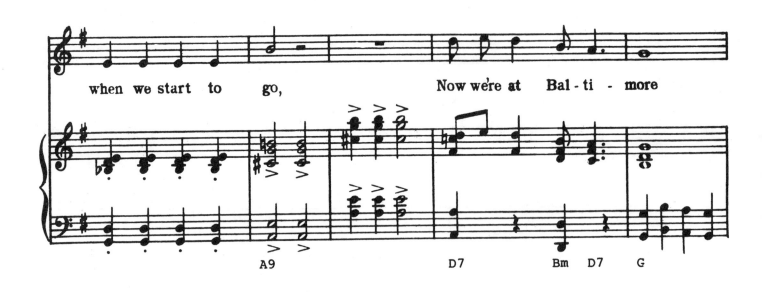

Fields o' cot-ton tell me where I am, Hear that fel - ler

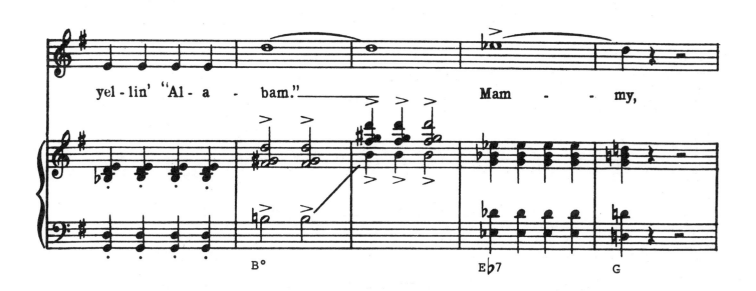

yel - lin' "Al - a - bam." Mam - - my,

Mam - my, Get your kiss-es read-y for yo' hon-ey lamb, I'm just a

D. S. al Fine.

to last half of Chorus.

BODY AND SOUL

Words by ROBERT SOUR,
EDWARD HEYMAN and FRANK EYTON
Music by JOHN GREEN

It seems you don't want to see.____ What you are do-ing to me;____
Your heart must be like a stone____ To leave me like this a - lone,

F#m   F#m#7   F#m7

My arms are wait-ing to ca - ress you,
When you could make my life worth liv - ing

B9   A   Bm7

And to my heart they long to press you, Sweet - heart. ⎫
By tak-ing what I'm set on giv - ing, Sweet - heart. ⎭

rit.

E7   A7   A7+

REFRAIN

My heart is sad and lone - ly, For you I cry; for

mp - mf

Dm   G11 G+   C   G+

you, dear, on - ly, I tell you I mean it;____

Em7 C   B   B9   Dm Dm7   G7   G#°   E

I'm all for you, Bod-y and Soul! I spend my days in

Am Dm7 G7+ C C6 C C6 Dm

long - ing And wond'ring why it's me you're wrong - ing—

G11 G+ C G+ Em7 C B B9

Why have-n't you seen it?_____ I'm all for you, Bo-dy and

Dm Dm7 G7 G° Am Dm7 G7

Soul! I can't be-lieve it, it's

C Ab9+ Db6 Ab7

hard to con ceive it That you'd turn a-way ro-mance._____

Db Gb6 Bbm7 Ab7 Db Bbm Db

CARELESS LOVE

Words by MARTHA E KOENIG
and SPENCER WILLIAMS
Music by W C HANDY

Moderato

If I were a lit-tle bird ___ I'd fly from
While I wore my poor heart out, ___ While I

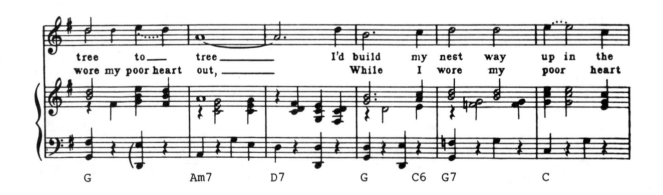

tree to ___ tree ___ I'd build my nest way up in the
wore my poor heart out, ___ While I wore my poor heart

air Where the bad boys could not both-er me. ___
out He ___ al-ways passed right by my door. ___

REFRAIN

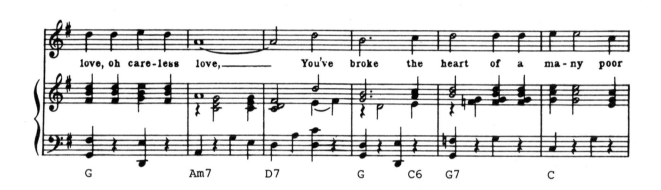

Love, oh love, oh careless love,
  You fly to the head like wine
You've wrecked the life of many a poor gal
  And you nearly spoiled this life of mine.

Love, oh love, oh careless love,
  In your clutches of desire
You've made me break a many true vow
  Then you set my very soul on fire.

Love, oh love, oh careless love,
  All my happiness bereft
You've filled my heart with weary old blues
  Now I'm walkin' talkin' to myself.

Love, oh love, oh careless love,
  Trusted you, now it's too late
You've made me throw my old friend down
  That is why I sing this hymn of hate.

Love, oh love, oh careless love,
  Night and day I weep and moan
You brought the wrong man into my life
  For my sins till judgement I'll atone.

Love, oh love, oh careless love,
  Here is all that I can say
Just like a gypsy I'm roamin' 'round
  And just can't keep the blues away.

Love, oh love, oh careless love,
  Like a thief comes in the night
You came into this glad heart of mine
  Then you put my happiness to flight.

INDIANA

Words by BALLARD MACDONALD
Music by JAMES HANLEY

Moderato

I'VE FOUND A NEW BABY

Words and Music by
JACK PALMER and SPENCER WILLIAMS

LIMEHOUSE BLUES

Words by DOUGLAS FURBER
Music by PHILIP BRAHAM

20

LIZA

Words by GUS KAHN and IRA GERSHWIN
Music by GEORGE GERSHWIN

23

LOVER

Words by LORENZ HART
Music by RICHARD RODGERS

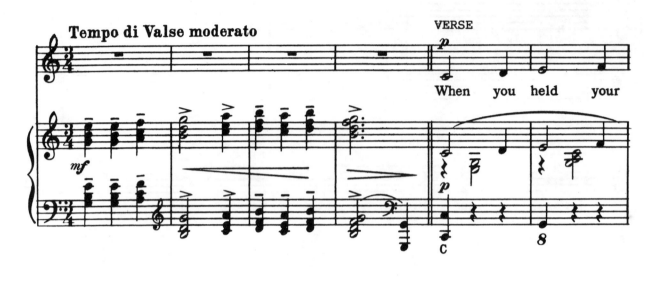

When you held your

hand to my heart, Dear, you did some - thing grand to my

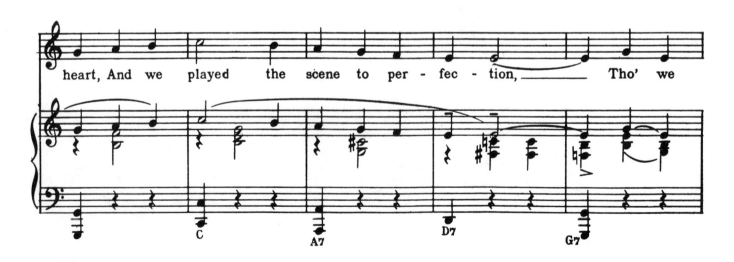

heart, And we played the scene to per - fec - tion, _____ Tho' we

INDEX TO SONGS

A GAL IN CALICO **40s**

GENTLE ON MY MIND **60s**

GEORGY GIRL **60s**

GHOSTBUSTERS **80s**

GIGI **50s**

GIPSY **40s**

GLAD ALL OVER **THE GROUPS**

GOOD-BYE DOLLY GRAY **THE WAR YEARS**

GOOD-BYE-EE **THE WAR YEARS**

THE GOOD LIFE **60s**

GOODY GOODY **30s**

GREAT BALLS OF FIRE **ROCK 'N' ROLL**

THE GREEN DOOR **50s**

GREEN GREEN GRASS OF HOME **60s**

A HANDFUL OF SONGS **50s**

HAPPY HEART **60s**

A HARD DAYS NIGHT **THE GROUPS**

HEARTBREAKER **80s**

HELLO **80s/BEST OF**

HELLO! DOLLY! **60s/BEST OF**

HELLO MARY LOU **ROCK 'N' ROLL**

HELP ME MAKE IT THROUGH THE NIGHT **70s**

HE WAS BEAUTIFUL (CAVATINA) **70s**

HI HO SILVER LINING **70s**

HILL STREET BLUES **80s/BEST OF**

HOMETOWN **30s**

HONEY **60s**

HOUND DOG **ROCK 'N' ROLL**

HOW ARE THINGS IN GLOCCA MORRA? **40s**

HOW DEEP IS YOUR LOVE **70s**

HOW HIGH THE MOON **40s**

I APOLOGISE **30s**

I CAN'T STOP LOVING YOU **60s**

I COULD BE SO GOOD FOR YOU **80s**

I COULD HAVE DANCED ALL NIGHT **50s**

I COULD WRITE A BOOK **STAGE & SCREEN**

IF **70s**

I FEEL FREE **THE GROUPS**

IF EVER I WOULD LEAVE YOU **60s**

IF I RULED THE WORLD **60s**

IF I WERE A CARPENTER **60s**

IF YOU GO AWAY

   (NE ME QUITTE PAS) **50s**

IF YOU LOVE ME

   (HYMNE A L'AMOUR) **50s/BEST OF**

IF YOU WERE THE ONLY GIRL

   IN THE WORLD **1900-1920**

I GET A KICK OUT OF YOU **STAGE & SCREEN**

I GOT RHYTHM **30s**

I'LL BE SEEING YOU **40s/BEST OF**

I'LL CLOSE MY EYES **40s**

I'LL FIND MY WAY HOME **80s**

I'LL GO WHERE YOUR MUSIC TAKES ME **70s**

I'LL SEE YOU AGAIN **20s**

I'LL STRING ALONG WITH YOU **30s**

I LOVE THE MOON **1900-1920**

I'M A BELIEVER **60s**

IMAGINE **BEST OF**

I'M COMING HOME **60s**

I'M CONFESSIN' (THAT I LOVE YOU) **30s**

I'M FOREVER BLOWING BUBBLES **1900-1920**

I'M GETTING SENTIMENTAL OVER YOU **BIG BAND ERA**

I'M LOOKING OVER A FOUR LEAF CLOVER **20s**

I'M NOT IN LOVE **70s**

I'M SHY MARY ELLEN, I'M SHY **1900-1920**

THE IMPOSSIBLE DREAM **60s**

IN A SHADY NOOK BY A BABBLING BROOK **20s**

IN A SHANTY IN OLD SHANTY TOWN **30s**

INDIANA **JAZZ ERA**

IN THE MOOD **40s**

INVISIBLE **80s**

I ONLY HAVE EYES FOR YOU **30s**

I ONLY WANT TO BE WITH YOU **60s/BEST OF**

ISLE OF CAPRI **30s**

IT MIGHT AS WELL BE SPRING **40s**

IT MIGHT AS WELL RAIN UNTIL SEPTEMBER **60s**

IT'S A HEARTACHE **70s**

IT'S A LONG WAY TO TIPPERARY **WAR YEARS**

IT'S A SIN TO TELL A LIE **30s**

IT'S D'LOVELY **STAGE & SCREEN**

IT'S MY TURN **80s**

IT'S ONLY A PAPER MOON **30s**

IT'S ONLY MAKE BELIEVE **50s**

I'VE FOUND A NEW BABY **JAZZ ERA**

I'VE GOT THE WORLD ON A STRING **30s**

I'VE GOT YOU UNDER MY SKIN **30s**

I'VE TOLD EVR'Y LITTLE STAR **30s**

I WANT TO BE HAPPY **30s**

I WANT TO KNOW WHAT LOVE IS **80s**

I WONDER WHO'S KISSING HER NOW **1900-1920**

I WON'T DANCE **30s**

JAMBALAYA **70s**

JEEPERS CREEPERS **BIG BAND ERA**

JUST IN TIME **50s**

JUST WHEN I NEEDED YOU MOST **80s**

KEEP THE HOME FIRES BURNING **1900-1920**

KEEP YOUNG & BEAUTIFUL **30s**

KILLER QUEEN **THE GROUPS**

LADY **80s**

THE LADY IS A TRAMP **30s**

THE LAST TIME I SAW PARIS **40s**

THE LAST WALTZ **60s**

LAWDY MISS CLAWDY **ROCK 'N' ROLL**

LET ME CALL YOU SWEETHEART **1900-1920**

LET'S HEAR IT FOR THE BOY **80s**

LET'S SPEND THE NIGHT TOGETHER **THE GROUPS**

LET THERE BE LOVE **40s**

LET THE REST OF THE WORLD GO BY **1900-1920**

LIFE AND TIMES OF DAVID LLOYD GEORGE

   (CHI MAI) **70s**

LIKE A VIRGIN **BEST OF**
LILLI MARLENE **40s**
LIMEHOUSE BLUES **JAZZ ERA**
LITTLE GREEN APPLES **60s**
LITTLE GREY HOME IN THE WEST **1900-1920**
A LITTLE LOVE, A LITTLE KISS **1900-1920**
LIVING DOLL **ROCK 'N' ROLL**
LIZA (ALL THE CLOUDS'LL ROLL AWAY) **JAZZ ERA**
LONG AGO (AND FAR AWAY) **40s**
LONG TALL SALLY **ROCK 'N' ROLL**
LOOK FOR THE SILVER LINING **STAGE & SCREEN**
LOVE, HERE IS MY HEART **1900-1920**
LOVE IN BLOOM **STAGE & SCREEN**
LOVE LETTERS IN THE SAND **30s**
A LOVELY WAY TO SPEND AN EVENING **40s**
LOVE ON THE ROCKS **80s**
LOVER **JAZZ ERA**
LOVER COME BACK TO ME **20s**
LOVE STORY (WHERE DO I BEGIN) **70s**
LOVE THEME FROM THE THORN BIRDS **80s**
LOVE WALKED IN **STAGE & SCREEN**
LOVE WILL FIND A WAY **1900-1920**

MA (HE'S MAKING EYES AT ME) **20s**
MAGGIE (WHEN YOU AND I WERE YOUNG) **80s**
MAKIN' WHOOPEE! **20s/BEST OF**
MANDY **70s**
THE MAN I LOVE **JAZZ ERA**
MARCHETA **1900-1920**
MARGIE **20s**
MASSACHUSETTS **60s**
MATCHSTALK MEN & MATCHSTALK CATS & DOGS **70s**
MAYBE IT'S BECAUSE I'M A LONDONER **40s**
MAY EACH DAY **60s**
ME AND MY SHADOW **20s**
MEMORIES **1900-1920**
MISS ANABELLE LEE **20s**
MOONLIGHT BECOMES YOU **40s**
MOON RIVER **60s**
THE MORE I SEE YOU **40s**
MORE THAN A WOMAN **70s**
MORE THAN EVER (COME PRIMA) **50s**
MUSIC **70s**
MY FOOLISH HEART **40s/BEST OF**
MY HEART CRIES FOR YOU **50s**
MY HEART STOOD STILL **20s**
MY MELANCHOLY BABY **1900-1920**
MY WAY **60s/BEST OF**

THE NEARNESS OF YOU **40s**
A NIGHTINGALE SANG IN BERKELEY SQUARE **40s**
NIGHTS IN WHITE SATIN **THE GROUPS**
NIKITA **BEST OF**
NOBODY TOLD ME **80s**
NOW IS THE HOUR **40s**

OH! LADY BE GOOD **20s**
OH! MY PA PA (O MEIN PAPA) **50s**
OH! YOU BEAUTIFUL DOLL **1900-1920**
THE OLD FASHIONED WAY **70s**
ON A CLEAR DAY (YOU CAN SEE FOREVER) **60s**
ON THE STREET WHERE YOU LIVE **50s**
ONLY YOU (AND YOU ALONE) **50s**
OVER THERE **THE WAR YEARS**

PACK UP YOUR TROUBLES
    IN YOUR OLD KIT BAG **THE WAR YEARS**
PALOMA BLANCA **70s**
PAPER DOLL **40s**
PARADISE **30s**
A PARADISE FOR TWO **1900-1920**
PARANOID **THE GROUPS**
PASSING STRANGERS **50s**
PEG O' MY HEART **1900-1920**
PICK YOURSELF UP **30s**
PINBALL WIZARD **THE GROUPS**
THE PIPES OF PAN ARE CALLING **1900-1920**
PUPPET ON A STRING **60s**

RAINING IN MY HEART **50s**
RED SAILS IN THE SUNSET **30s**
RHINESTONE COWBOY **70s**
RHYTHM IS OUR BUSINESS **BIG BAND ERA**
RIDE A WHITE SWAN **THE GROUPS**
ROCK-A-BYE YOUR BABY **1900-1920**
ROCK AROUND THE CLOCK **ROCK 'N' ROLL**
ROLL OUT THE BARREL **WAR YEARS**
ROLL OVER BEETHOVEN **ROCK 'N' ROLL**
ROOM FIVE-HUNDRED-AND-FOUR **WAR YEARS**
A ROOM WITH A VIEW **20s**
ROSES OF PICARDY **1900-1920**
RUNAWAY **ROCK 'N' ROLL**

SAD SONGS (SAY SO MUCH) **80s**
SATISFACTION (I CAN'T GET NO) **THE GROUPS**
SEE EMILY PLAY **THE GROUPS**
SEND IN THE CLOWNS **70s/BEST OF**
SENTIMENTAL JOURNEY **BIG BAND ERA**
SEPTEMBER IN THE RAIN **30s/BEST OF**
SEPTEMBER SONG **30s**
THE SHEIK OF ARABY **20s**
SHINE ON HARVEST MOON **1900-1920**
SINGING THE BLUES **50s**
SLEEPY LAGOON **BIG BAND ERA**
SMILIN' THROUGH **1900-1920**
SMOKE GETS IN YOUR EYES **30s/BEST OF**
SNOWBIRD **70s**
SOFT SHOE SONG
    (THE DANCE MY DARLIN' USED TO DO) **50s**
SOLDIERS OF THE QUEEN **THE WAR YEARS**
SOMEBODY LOVES ME **20s**
SOME OF THESE DAYS **1900-1920**
SOMEONE TO WATCH OVER ME **20s/BEST OF**

SOMEWHERE ALONG THE WAY **50s**

SOMEWHERE IN FRANCE WITH YOU **THE WAR YEARS**

THE SONG OF SONGS **1900-1920**

SOUTH OF THE BORDER **30s**

STAND BY YOUR MAN **70s**

THE STARS WILL REMEMBER **40s**

STAY AS SWEET AS YOU ARE **30s**

STOMPIN' AT THE SAVOY **BIG BAND ERA**

THE STORY OF MY LIFE **50s/BEST OF**

STRANGER ON THE SHORE **60s/BEST OF**

STRING OF PEARLS **BIG BAND ERA**

STROLLIN' **50s**

STUCK ON YOU **80s**

THE SUNSHINE OF YOUR SMILE **1900-1920**

SUMMERTIME **STAGE & SCREEN**

SWANEE **1900-1920**

SWEET GEORGIA BROWN **20s**

'S WONDERFUL **20s**

SYMPATHY **1900-1920**

TAKE GOOD CARE OF MY BABY **70s**

TAKE ME BACK TO DEAR OLD BLIGHTY **THE WAR YEARS**

TAKE THE 'A' TRAIN **BIG BAND ERA**

TAKE THESE CHAINS FROM MY HEART **60s**

TANGERINE **BIG BAND ERA**

TEA FOR TWO **20s/BEST OF**

TELL ME WHY **50s**

TENDERLY **40s**

THAT LOVELY WEEKEND **40s**

THAT OLD BLACK MAGIC **STAGE & SCREEN**

THANKS FOR THE MEMORY **STAGE & SCREEN**

THEME FROM CHEERS

   (WHERE EVERYBODY KNOWS YOUR NAME) **80s**

THERE GOES MY EVERYTHING **60s**

THER'LL ALWAYS BE AN ENGLAND **THE WAR YEARS**

THERE'S A KIND OF HUSH **60s**

THERE'S A LONG, LONG TRAIL **THE WAR YEARS**

THERE'S A RAINBOW 'ROUND MY SHOULDER **20s**

THERE'S A SMALL HOTEL **30s/BEST OF**

THE THORN BIRDS THEME **80s**

THEY CAN'T TAKE THAT

   AWAY FROM ME **STAGE & SCREEN**

THREE O'CLOCK IN THE MORNING **20s**

THREE STEPS TO HEAVEN **ROCK 'N' ROLL**

THREE TIMES A LADY **70s**

TIE A YELLOW RIBBON

   'ROUND THE OLE OAK TREE **70s**

TIME AFTER TIME **40s**

TIP TOE THRO' THE TULIPS WITH ME **20s/BEST OF**

TOMORROW **70s**

TONIGHT I CELEBRATE MY LOVE **80s**

TOO LATE FOR GOODBYES **80s**

TRUE LOVE **50s**

TRY TO REMEMBER **60s**

TUTTI FRUTTI **ROCK 'N' ROLL**

TWO LITTLE BOYS **1900-1920**

UP WHERE WE BELONG **80s**

VENUS IN BLUE JEANS **50s**

THE VERY THOUGHT OF YOU **BIG BAND ERA**

VIENNA, CITY OF MY DREAMS **1900-1920**

VINCENT **70s**

WALKIN' MY BABY BACK HOME **30s**

THE WAY WE WERE **70s**

THE WAY YOU LOOK TONIGHT **30s**

THE WEDDING **60s**

WE'LL GATHER LILACS **WAR YEARS**

WE'LL MEET AGAIN **WAR YEARS**

WE'VE GOT TONIGHT **80s**

WHAT A DIFFERENCE A DAY MADE **30s**

WHAT'S LOVE GOT TO DO WITH IT **80s**

WHEN DAY IS DONE **20s**

WHEN I FALL IN LOVE **50s/BEST OF**

WHEN I NEED YOU **70s**

WHEN IRISH EYES ARE SMILING **1900-1920**

WHEN I TAKE MY SUGAR TO TEA **JAZZ ERA**

WHEN THE RED, RED ROBIN COMES BOB,

   BOB BOBBIN' ALONG **20s**

WHEN YOU WISH UPON A STAR **40s**

WHERE OR WHEN **30s**

WHISPERING GRASS **40s**

WHITE CLIFFS OF DOVER **40s**

WHITER SHADE OF PALE **THE GROUPS**

A WHITE SPORTS COAT & A PINK CARNATION **50s**

WHY **80s**

WHY DO I LOVE YOU **20s**

WHO **20s**

WHO'S SORRY NOW **JAZZ ERA**

THE WIND BENEATH MY WINGS **80s**

A WINTERS TALE **80s**

WITH A SONG IN MY HEART **20s**

WOMAN **80s**

WOMAN IN LOVE **80s**

WORDS **60s**

THE WORLD IS WAITING FOR THE SUNRISE **JAZZ ERA**

A WORLD OF OUR OWN **60s**

WUTHERING HEIGHTS **70s**

YES SIR THAT'S MY BABY **20s**

YOU DO SOMETHING TO ME **STAGE & SCREEN**

YOU DON'T HAVE TO SAY YOU LOVE ME **60s**

YOU MADE ME LOVE YOU **1900-1920**

YOU MUST HAVE BEEN A BEAUTIFUL BABY **30s**

YOU NEEDED ME **70s**

YOU'D BE SO NICE TO COME HOME TO **40s**

YOU'LL NEVER KNOW **40s/BEST OF**

YOUNG & FOOLISH **50s**

YOUNG & HEALTHY **30s**

YOU'RE THE CREAM IN MY COFFEE **20s**

YOURS **40s**

YOU'VE DONE SOMETHING TO MY HEART **40s**

YOU'VE GOT A FRIEND **70s**

ZIP A DEE DOO DAH **40s**

THE MAN I LOVE

Words by IRA GERSHWIN
Music by GEORGE GERSHWIN

33

WHEN I TAKE MY SUGAR TO TEA

Words and Music by SAMMY FAIN,
IRVING KAHAL and PIERRE NORMAN

WHO'S SORRY NOW?

Words by BERT KALMAR and HARRY RUBY
Music by TED SNYDER

THE WORLD IS WAITING FOR THE SUNRISE

Words by EUGENE LOCKHART
Music by ERNEST SEITZ

41

Tempo I.

CHICAGO

Words and Music
by FRED FISHER

BUTTON UP YOUR OVERCOAT

Words and Music by B G DeSYLVA,
LEW BROWN and RAY HENDERSON

DINAH

Words by SAM LEWIS and JOE YOUNG
Music by HARRY AKST

52